Caroline Finster-Setzler
Bernd Riemke

Einfache Logicals für Kinder

Erste knifflige Denksportaufgaben für den Anfangsunterricht – 1./2. Klasse

 Auer

Gedruckt auf umweltbewusst gefertigtem, chlorfrei gebleichtem und alterungsbeständigem Papier.

1. Auflage 2017
© 2017 Auer Verlag, Augsburg
AAP Lehrerfachverlage GmbH
Alle Rechte vorbehalten.

Covergestaltung: fotosatz griesheim GmbH
Coverillustration: Kristina Klotz Grafikdesign, München
Illustrationen: Kristina Klotz
Satz: Fotosatz H. Buck, Kumhausen
Druck und Bindung: Korrekt Nyomdaipari Kft, Budapest
ISBN 978-3-403-07928-6
www.auer-verlag.de

Inhaltsverzeichnis

Vorwort

Logicals sind eine besondere Rätselform, die nur durch schlussfolgerndes Denken gelöst werden können. Diese Lese-Logik-Rätsel stellen gerade für Grundschüler[1] ein sehr motivierendes Übungsformat dar, bei denen die Kinder sowohl sinnentnehmendes Lesen als auch logisches und schlussfolgerndes Denken üben. Die Grundschüler müssen verschiedene Hinweise so miteinander in Verbindung setzen, dass sie die Tabelle ausfüllen und die Lösungsfrage beantworten können.

Viele Schüler tun sich immer noch schwer, logisch und problemlösend zu denken. Hier setzen wir an und bieten mit den Logicals eine hervorragende Denkschulung. Die Schüler werden befähigt, eigenständig zu denken und systematisch vorzugehen. Aus einer Fülle von Informationen filtern sie eindeutige Hinweise heraus. Wenn sie diese gesammelt haben, bilden sie eigenständig Hypothesen, die sie auf ihren Wahrheitsgehalt überprüfen. Durch unsere Logicals lernen die Schüler, vernetzt und lebensnah zu denken. Auf diese Weise trainieren sie verschiedene Denkabläufe: analytisches, kombinatorisches und schlussfolgerndes Denken. Sie erwerben Schlüsselqualifikationen, die sie für ihr alltägliches Leben benötigen.

Die durchweg positive Resonanz auf unsere ersten beiden Bände „Logicals für Kinder" und „Neue Logicals für Kinder" hat uns ermutigt, uns weitere knifflige Logicals auszudenken. Nach Jahren der Praxiserfahrung in den Jahrgangsstufen 1 und 2 lagen uns dieses Mal vor allem die jüngsten Schul- und Leseanfänger am Herzen.

So sind die Logicals in diesem Band sprachlich sehr einfach gehalten. Durch einen relativ einfachen Satzbau haben wir eine zusätzliche Hürde für das Leseverständnis, die Sinnentnahme und die divergenten Denkprozessen aus dem Weg geräumt.

Als Neuerung haben wir einige *Lese-Mal-Logicals* erstellt. Diese sind besonders für junge Leseanfänger gedacht. Die Schüler lesen und malen entsprechend der Satzaussage das Bild passend an.

Inhaltlich haben wir versucht, Sachsituationen zu finden, die kindgerecht an der Lebenswelt der Schüler orientiert sind, aber auch den aktuellen Lehrplänen entsprechen. So können Sie die Logicals ohne Zögern ergänzend zu Ihrem Deutsch-, Mathematik-, Sach- oder Kunstunterricht zum Einsatz bringen!

Beim Rätseln, Tüfteln und Kombinieren wünschen wir Ihnen und vor allem Ihren Schülern viel Freude!

Caroline Finster-Setzler
Bernd Riemke

---

1 Aus Gründen der besseren Lesbarkeit wird für die Bezeichnung von männlichen und weiblichen Personengruppen Schüler bzw. Lehrer stets die männliche Bezeichnung gewählt.

Zum Einsatz der Logicals

Didaktischer Ort und Einsatz der Logicals

Unsere *Logicals* sind so konzipiert, dass Sie diese **jederzeit** in Ihrem Unterricht einsetzen können. Ob in Phasen der Freiarbeit, in der Wochenplanarbeit, im Frontalunterricht, zur Differenzierung im Klassenverband oder in Vertretungsstunden – *Logicals* finden **überall** ihren Platz und ihre Berechtigung.

Die Rätsel weisen **zahlreiche Querverbindungen zu verschiedenen Lernfeldern und Fächern** auf. So bieten sie sich besonders für den **fächerübergreifenden Unterricht** an.

Auf spielerische Weise vertiefen die Schüler nebenbei ihr Sachwissen. Bei unseren *Logicals* entdecken die Kinder eigene Lösungswege.

Als Einstieg in die Arbeit mit Logicals bieten sich die **einfachen *Lese-Mal-Logicals*** an. Je nach Leistungsstand Ihrer Klasse und Ihrer einzelnen Schüler können Sie bereits **kurz vor oder nach Weihnachten in der ersten Klasse** damit beginnen.

Die **weiteren *Lese-Schreib-Logicals*** lassen sich durchaus auch von leistungsstärkeren Erstklässlern lösen, die sich freuen, wenn sie gefordert werden. Da die Heterogenität bezüglich der Lesefähigkeiten und -fertigkeiten, die Entwicklung der Kognition und der Arbeitstechniken gerade in der ersten Klasse sehr groß sein kann, haben wir in diesem Band bewusst auf eine Differenzierung in unterschiedliche Schwierigkeitsgrade verzichtet. Thematisch gibt es immer zwei verschiedene *Logicals* zu einem Thema. So können Sie den Band in der 1. und 2. Klasse einsetzen, wenn Sie Ihre Klasse weiterführen. Selbstverständlich bieten sich beide Themen auch als Intensivierung an.

Üben Sie die Arbeitstechniken vorab mit den Schülern ein. Unsere Erfahrungen zeigen, dass gerade jüngere Kinder diese besondere Schulung benötigen. Erst wenn die Vorgehensweise zum Lösen verinnerlicht ist, entfalten sich die Denkprozesse voll.

Arbeitstechniken

Vor dem ersten Einsatz der *Logicals* sollten Sie unbedingt die Arbeitstechnik mit den Kindern einüben. Dabei hat sich in der Praxis diese Vorgehensweise bewährt:

1. Sätze genau und mehrmals lesen.
2. Lagebeziehungen wie *„rechts"*, *„links"*, *„… ist Nachbar von …"*, *„ganz außen"*, *„ganz links"* klären und feststellen. Für schwächere Schüler ist es hilfreich, wenn sie alle Lagebeziehungen im Logical in einer bunten Farbe markieren. (Sie sind immer aus Sichtweise des Betrachters zu sehen; Beispiel: *Das Kind mit dem grünen Fahrrad hat einen* <u>*linken*</u> *Nachbarn.*)
3. Eindeutige Informationen (fett gedruckt) in die Lösungstabelle einfügen und im Text abhaken. Hier ist es hilfreich, mit Bleistift zu arbeiten, um eventuelle Fehleintragungen revidieren zu können. Der Lösungsweg kann nebenher notiert werden.
4. Erneutes Lesen der einzelnen Hinweise.
5. Zum Schluss die Frage beantworten, in der der letzte Hinweis enthalten ist.

Für Ihre Schüler ist es beim ersten Einsatz einfacher, wenn Sie das Logical und die Lösungstabelle auf eine Folie kopieren. Schneiden Sie die Lösungstabelle in Zeilen und Spalten auseinander. So können Sie mit den Kindern unterschiedliche Denkprozesse und Handlungen nachvollziehen, indem Sie die einzelnen Lösungen hin- und herschieben.

Alternativ können Sie den Schülern die Tabellenteile auch als Wortkarten an die Hand geben. Dann legen die Schüler beim Lösen des *Logicals* die Wortkarten in die Tabelle und können eventuelle Fehlentscheidungen einfacher korrigieren.

Mit einiger Übung und Zeit haben Ihre Schüler sicherlich schnell das Handling verstanden!

Lösungsanleitung für Logicals

Am folgenden Beispiellogical können Sie die Arbeitstechniken zur Lösung eines Logicals noch einmal schrittweise nachvollziehen und es mit den Schülern gemeinsam lösen.

Nachdem Sie ein erstes Logical gemeinsam mit Ihren Schülern gelöst haben, finden Sie auf Seite 9 das Merkblatt „So löse ich ein Logicals". Dies können Sie für die Freiarbeitsecke kopieren und aufhängen oder Ihren Schülern als Planungshilfe beim Lösen mit an die Hand geben. Wenn Sie die Logicals als Hausaufgabe aufgeben, können die Eltern mit dem Merkblatt das Vorgehen und die Arbeitstechniken nachvollziehen.

In der Schule

Schüler			
Lehrer			
Schulfach			

1. **Frau Zink** sitzt ganz außen. Sie unterrichtet **Sport**.

2. **Julius** mag am liebsten **Kunst**. Er sitzt links neben **Samira**.

3. **Herr Walter** unterrichtet eines der beiden Mädchen.

4. **Samira** hat zwei Nachbarn.

5. **Frau Fischer** unterrichtet keine **Mathematik**.

Welche Lehrerin hat **Andrea**?

1. Lesen und erste Fragen

Die Kinder lesen das Logical zunächst einmal Satz für Satz genau durch. Mehrmaliges Lesen vereinfacht die Sinnentnahme.

Sie können den Kindern danach schon spielerische erste Fragen stellen, um die Sinnentnahmen vorzubereiten.

→ z. B. „Wer sitzt ganz außen?" oder „Welches Kind hat zwei Nachbarn?"

C. Finster-Setzler, B. Riemke: Einfache Logicals für Kinder
© Auer Verlag

2. Lagebeziehungen suchen und ersten eindeutigen Hinweis finden

Klären Sie nun die Lagebeziehungen für die Tabelle: Verdeutlichen Sie den Kindern, dass Frau Zink nicht automatisch in das erste Feld kommt, nur, weil sie im ersten Hinweis vorkommt. Dies fällt den Kindern oft schwer. Lassen Sie die Kinder den ersten eindeutigen Hinweis finden und in die Lösungstabelle eintragen.

→ „Wer/Was kann wo stehen?" und „Welche/s Hinweiswort/-wörter gibt es?"

→ ④ **Samira** hat <u>zwei Nachbarn</u>. → Samira in der Mitte der Tabelle bei

Schüler		*Samira*	
Lehrer			
Schulfach			

3. Nach dem nächsten Hinweis suchen und ihn in die Tabelle eintragen

Die Schüler suchen beim erneuten Lesen nach Bekanntem. Um die Kinder dafür zu sensibilisieren, fragen Sie die Schüler, was sie über Samira schon wissen oder ob Samira noch einmal bei einem anderen Hinweis auftaucht:

→ „Was wisst ihr schon über Samira?" oder „Kommt Samira noch einmal in einem anderen Hinweis vor?"

Durch das Lesen des zweiten Hinweises können die Kinder nun anhand der Lagebeziehung zwei weitere Spalten in der Tabelle ausfüllen:

→ ② **Julius** mag am liebsten **Kunst**. Er sitzt <u>links neben</u> **Samira**.

Schüler	*Julius*	Samira	
Lehrer			
Schulfach	*Kunst*		

4. Nächsten Hinweis finden und in Tabelle eintragen

Auch im ersten Hinweis finden die Schüler eine Aussage zur Lagebeziehung:

→ ① **Frau Zink** sitzt <u>ganz außen</u>. Sie unterrichtet **Sport**.

Wenn man nur den ersten Satz liest, könnte man Frau Zink in der ersten und in der dritten Spalte eintragen. Doch durch den zweiten Satz schließen die Kinder aus, dass Frau Zink die Lehrerin von Julius ist. Denn sein Lieblingsfach ist ja schon Kunst. So muss beides in die dritte Spalte.

Schüler	Julius	Samira	
Lehrer			*Frau Zink*
Schulfach	Kunst		*Sport*

C. Finster-Setzler, B. Riemke: Einfache Logicals für Kinder
© Auer Verlag

5. Nächsten Hinweis finden und in Tabelle eintragen

Der dritte Hinweis hilft beim Weiterausfüllen der Lehrerzeile:

→ ③ **Herr Walter** unterrichtet eines der beiden Mädchen.

Julius scheidet aus, weil er ein Junge ist.

Nun gibt es nur noch Samira und ein anderes Mädchen. Das andere Mädchen hat noch keinen Namen. Aus der Tabelle weiß man aber schon, dass sie Frau Zink als Lehrerin in Sport hat.
So bleibt **durch Ausschließen und Kombinieren** nur noch der Lehrer von Samira übrig.

Schüler	Julius	Samira	
Lehrer		**Herr Walter**	Frau Zink
Schulfach	Kunst		Sport

6. Den übrigen Hinweis eintragen

Es ist nun nur noch Hinweis 5 übrig:

→ ③ **Frau Fischer** unterrichtet <u>keine</u> **Mathematik**.

Ihm entnehmen die Kinder zwei Dinge: Erstens den Namen der Lehrerin von Julius, Frau Fischer. Zweitens das letzte fehlende Lieblingsfach, nämlich das von Samira.

Schüler	Julius	Samira	
Lehrer	**Frau Fischer**	Herr Walter	Frau Zink
Schulfach	Kunst	**Mathematik**	Sport

7. Frage beantworten und letzten Hinweis in die Tabelle eintragen

Beim Lesen der Frage erfahren die Schüler den fehlenden Namen des zweiten Mädchens und tragen diesen als letzte Lösung in das Logical ein. Damit können sie nun auch die Frage richtig beantworten.

Schüler	Julius	Samira	**Andrea**
Lehrer	Frau Fischer	Herr Walter	Frau Zink
Schulfach	Kunst	Mathematik	Sport

 Welche Lehrerin hat **Andrea**?

Frau Fischer

C. Finster-Setzler, B. Riemke: Einfache Logicals für Kinder
© Auer Verlag

Merkblatt – So löse ich ein Logical

- Ich lese das Logical mehrmals.
  Ich male die Helferwörter bunt an.

Bunte Blumen

Im Frühling blühen auf den Wiesen bunte Blumen. Sie haben alle eine andere Farbe.

1. **Rechts neben** der **Osterglocke** ist das **Veilchen**.

2. **In der Mitte** ist die **Osterglocke**.

3. Die **Tulpe** ist <u>nicht</u> ein Nachbar vom **Veilchen**.

- Ich weiß sicher: Die Osterglocke liegt in der Mitte.
  Ich streiche die Zahl 2 durch und trage das **fette Wort** in die Tabelle ein:

2. In der Mitte ist die **Osterglocke**.

	links	Mitte	rechts
Name		**Osterglocke**	

- Nun lese ich noch einmal die Sätze (1) und (3). Ich suche nach der Osterglocke.
  Nur sie verrät mir etwas über ihre Nachbarn.

- Satz (3) hilft mir nicht: Ich weiß noch nicht, wo das Veilchen steht.

  Satz (1) ist der nächste Hinweis.

1. Rechts neben der **Osterglocke** ist das **Veilchen**.

Name		Osterglocke	**Veilchen**

- Satz (3) ist knifflig. Ich muss umdenken. Wenn die Tulpe nicht der Nachbar
  vom Veilchen ist, dann darf die Tulpe nicht neben dem Veilchen stehen.
  Nur die Osterglocke kann ihr Nachbar sein.

3. Die **Tulpe** ist <u>nicht</u> ein Nachbar vom **Veilchen**.

Name	**Tulpe**	Osterglocke	Veilchen

Ostereier

Es dauert nicht mehr lange und Ostern steht vor der Tür.
In diesem Osternest liegen fünf bunte Eier.

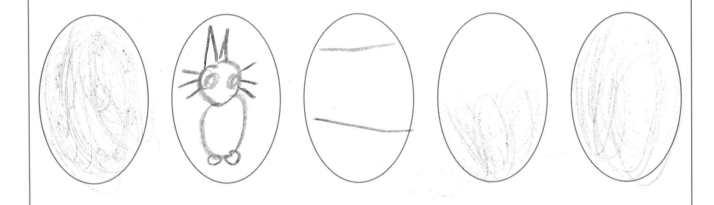

1. Das Ei in der Mitte hat **blaue und gelbe Streifen**.

2. Das Osterei ganz links außen ist **rot mit grünen Punkten**.

3. Das letzte Ei ist **einfarbig orange**.

4. Neben dem **orangen Ei** liegt ein Ei, das **oben gelb und unten pink** ist.

5. Auf einem Ei ist ein **kleiner brauner Hase**. Er hat **blaue Augen**.

C. Finster-Setzler, B. Riemke: Einfache Logicals für Kinder
© Auer Verlag

C. Finster-Setzler, B. Riemke: Einfache Logicals für Kinder
© Auer Verlag

Name: .... Datum: ....

Clowns

Bald ist wieder Faschingszeit.
Die Kinder der Klasse 1a haben verschiedene Clowns gemalt.

① Der Clown ganz links trägt eine **blaue Brille**.

② Der Clown mit dem Hut hat nur einen Nachbarn.

③ Ein Clown trägt einen **Hut** auf dem Kopf.
Sein linker Nachbar hat eine **Blume im Haar**.

④ Der Clown mit zwei Nachbarn hat eine **große Schleife**
um den Hals.

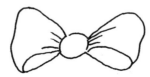

Fußball

In der Pause oder nach der Schule spielen
die Kinder oft gemeinsam Fußball.
Dabei tragen die Mädchen und Jungen
Hemden und Hosen in bunten Farben.

1. Das Mädchen ganz links hat ein **blaues Hemd** und
   eine **rote Hose** an.

2. Neben dem Mädchen mit dem blauen Hemd ist ein Junge.
   Er hat eine **schwarze Hose** an.

3. Ein Mädchen trägt eine **grüne Hose** und ein **gelbes Hemd**.

4. Ein Junge trägt eine **blaue Hose**.

5. Der Junge mit der schwarzen Hose hat ein **grünes Hemd** an.

6. Bei einem Jungen haben **Hose und Hemd die gleiche Farbe**.

C. Finster-Setzler, B. Riemke: Einfache Logicals für Kinder
© Auer Verlag

Name: _____   Datum: _____

Bälle

Im Garten liegen vier Bälle nebeneinander.
Alle Bälle sehen anders aus.

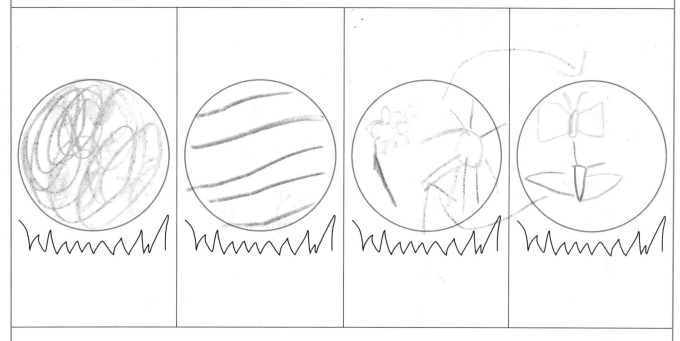

1. Auf einem Ball sind **Schmetterlinge**.

2. Der **blau gestreifte Ball** hat zwei Nachbarn.

3. Der Ball mit den **Blumen** liegt nicht
   neben dem Ball mit den **blauen Streifen**.

4. Der rote Ball mit **gelben Punkten** liegt ganz links.
   Sein rechter Nachbar hat **blaue Streifen**.

Bunte Blumen

Im Frühling blühen auf den Wiesen bunte Blumen.
Sie haben alle eine andere Farbe.

① Die **Osterglocke** ist **gelb**.

② Eine Blume ist **weiß**.

③ Ganz rechts ist das **Schneeglöckchen**.

④ Der Nachbar vom **Schneeglöckchen** heißt **Veilchen** und ist **lila**.

⑤ Nicht die **Tulpe** liegt neben dem **Veilchen**.

⑥ Der Nachbar links von der **Osterglocke** ist **rot**.

C. Finster-Setzler, B. Riemke: Einfache Logicals für Kinder
© Auer Verlag

C. Finster-Setzler, B. Riemke: Einfache Logicals für Kinder
© Auer Verlag

Name: _____ Datum: _____

Sommerzeit ist Eiszeit

Wenn die Sonne scheint, schmeckt eine Kugel Eis wunderbar.
In der Eisdiele gibt es viele leckere Sorten.
Womit sind die Eiskugeln verziert?

1️⃣ Das Eis mit der Kugel **Schokolade** ist mit **bunten Smarties®** verziert. Es ist ganz links.

2️⃣ Im **blauen Schlumpf-Eis** neben der Kugel Schokolade steckt ein **Fähnchen**.

3️⃣ Über eine Kugel **Vanilleeis** fließt **Erdbeersoße**. Dieses Eis hat zwei Nachbarn.

4️⃣ Viele **kleine bunte Streusel** liegen auf der Kugel **Erdbeereis**.

| Name: | | Datum: | |

In der neuen Schule

Tobias ist der neue Schüler in der Klasse 2a.
Er sitzt an einem Gruppentisch mit drei anderen Jungen.
Tobias kennt schon von jedem Jungen ein besonderes Merkmal
und das Lieblingsfach.

Name	Murat	Hans	oliver
Merkmal		Sommers	Zahnlück
Lieblings-fach	Sport	Kunst	Mathe

1. **Hans** sitzt zwischen zwei Jungen. Der eine trägt eine **Brille** und der andere mag gern **Mathematik**.

2. Rechts neben dem Jungen mit **Brille** ist das Kind mit dem Lieblingsfach **Kunst**.

3. **Oliver** hat keine **Sommersprossen** wie sein Nachbar.

4. **Murat** treibt gern **Sport**.

? Welcher Junge hat eine witzige **Zahnlücke**?

C. Finster-Setzler, B. Riemke: Einfache Logicals für Kinder
© Auer Verlag

| Name: | | Datum: | |

Erster Schultag

Ganz aufgeregt stehen die Kinder Amira, Mustafa und Zeno nebeneinander.
Sie haben ihre Schultüte im Arm und warten auf ihre Lehrer.

Kind	Zeno	Mustafa	Amira
Schultüte			
Lehrer/ Lehrerin	Schlegel	Sonne	Miegel

1. **Mustafa**s Schultüte ist **grün mit Sternen**.

2. Eine Schultüte hat **rote Streifen. Herr Schlegel** findet sie schön.

3. **Amira** hat eine **gelb**e Schultüte **mit Punkten**.
   Sie hat nur einen Nachbarn.

4. **Frau Sonne** zeigt **Mustafa** seinen Platz
   im Klassenraum.

5. Links außen steht **Zeno**.

? Welche Schultüte gefällt
   der Lehrerin **Frau Miegel**?

gelb mit Punkten

C. Finster-Setzler, B. Riemke: Einfache Logicals für Kinder
© Auer Verlag

Neujahr

In jedem Land der Welt machen die Menschen etwas Besonderes
an diesem Fest. Das soll Glück bringen.

Land	CHINA	Spanien	Schroaie en
Die Menschen ...	Fehsder	12 Trauben ↑ ↓ rote wäsche	rote und er wä schean.
Essen			

① Das erste Land ist **China**. Die Menschen **öffnen** dort ihre **Fenster**.

② In dem Land essen die Menschen **Hühnchen und Fisch** nicht auf.
Das Land heißt nicht **Griechenland**.

③ In einem Land **spielen** die Familien **Spiele**.
Dieses Land liegt neben dem Land,
wo es **12 Trauben** zu Essen gibt.

④ In einem Land essen die Menschen
um Mitternacht **12 Trauben**. Dieses Land hat zwei Nachbarn.

⑤ In **Spanien ziehen** Männer und Frauen **rote Unterwäsche an**.

In welchem Land essen die Menschen **Brot**,
in dem eine Münze versteckt ist?

C. Finster-Setzler, B. Riemke: Einfache Logicals für Kinder
© Auer Verlag

Name: AnTon Datum:

An Silvester

Die drei Freunde Enno, Tina und Lorenz erzählen
vom letzten Tag des Jahres. Bevor sie ins Bett gehen,
darf jedes Kind zusammen mit einem Erwachsenen
ein Feuerwerk zünden.

Name	Enno	Lorenz	Tina
Feuerwerk	wilde Hummel	Knatter blitze	wunder kerzen
Uhrzeit	(Uhr)	(Uhr)	(Uhr)

(1) **Enno** geht eine **halbe Stunde früher als Lorenz** zu Bett.

(2) Rechts neben den **Knatterblitzen** ist **Tina**.
Sie muss erst **um ein Uhr Nachts** schlafen
gehen.

(3) **Um 23 Uhr** muss **Lorenz** das Licht ausmachen.

(4) Nicht **Tina** hält die **Wunderkerzen** in der Hand.

(5) **Enno** steht ganz links.
Sein einziger Nachbar zündet **Knatterblitze**.

Wer darf die **Wilde Hummel** starten lassen?

Enno

C. Finster-Setzler, B. Riemke: Einfache Logicals für Kinder
© Auer Verlag

Name: Anton   Datum:

Kindergeburtstag

Leckere Kuchen, Geschenke und lustige Spiele –
Kindergeburtstage sind toll!

Name	_pillut._	Georg.	Bulut,
Kuchen	Stuck Ku chen.	Erdbeer torte,	Muffins,
Spiele	Fal ch,	verstek ch.	Sackhüpfen,

 1 **Sabine** spielt mit ihren Freunden im Garten **Fangen**.

2 Nach dem **Sackhüpfen** stärken sich
die Kinder mit bunten **Muffins**.

3 **Georg** sitzt in der Mitte. Er freut sich
auf eine leckere **Erdbeertorte**.

4 Auf dem Geburtstag von **Bulut** spielen
die Kinder nicht **Verstecken**.

 5 Ein Junge isst **Erdbeertorte**.
Rechts daneben spielen die Kinder **Sackhüpfen**.

? Welches Kind hat sich zum Geburtstag einen **Schokokuchen**
gewünscht?

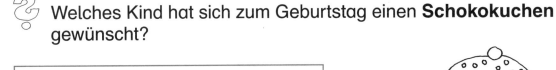

C. Finster-Setzler, B. Riemke: Einfache Logicals für Kinder
© Auer Verlag

Name: ....   Datum: ....

Übernachtungsparty

Sophie lädt zu ihrem 8. Geburtstag drei Freundinnen zum Übernachten ein.
Jedes Mädchen hat etwas anderes zum Schlafen an und freut sich auf eine
Besonderheit.

Name	Emilia	Paula	Anna
Kleidung	Nachthemd	kurze Hose	Schlafanzug
Besonderheit	Nacht wanderung	Pizza backen	Kerzen ziehen

① Weder **Paula** noch **Emilia** haben
einen **Schlafanzug** an.

② **Emilia** freut sich
auf die **Nachtwanderung**.
Es ist das Kind links außen.

③ Ein Mädchen trägt
ein **Nachthemd**.

④ Ein Mädchen trägt zum Schlafen
T-Shirt und kurze Hose.
Sie hat **Emilia** und **Anna** als Nachbarin.

⑤ **Emilia** und **Paula** möchten nicht beim **Kerzen ziehen** mitmachen.

Wer freut sich auf das **Pizza backen**? ....

Name: _____ Datum: _____

Meine Zähne

Ein Zahn besteht aus drei Schichten. Genau wie ein gekochtes Ei.
Damit deine Zähne immer gesund bleiben, musst du sie
regelmäßig putzen!

Schicht des Zahns			
Eigen-schaft			
Schicht des Eis			

1. Das **Zahnmark** ist **empfindlich**,
   weil dort Nerven und Blutgefäße liegen.

2. Der **Zahnschmelz** ist so **hart**
   wie die **Schale** des Eis.

3. Das **Zahnbein** ist eine sehr **weich**e Schicht.
   Sie liegt hier nicht neben dem **Zahnschmelz**.

4. Gut geschützt ist das **Eigelb**. Genauso wie
   das **Zahnmark**.

5. Links außen steht in der Tabelle der **Zahnschmelz**.
   Er ist härter als deine Knochen.

? Welche Schicht des Zahns ist so ähnlich wie das **Eiweiß** im Ei?

_____

C. Finster-Setzler, B. Riemke: Einfache Logicals für Kinder
© Auer Verlag

Name: _____   Datum: _____

Tierische Körperpflege

Körperpflege ist wichtig, damit wir gesund bleiben.
Das ist auch bei Tieren so.
Viele Tiere pflegen ihren Körper ganz ausführlich.

Tier	Katze	Schweine	Spatz
Was wird sauber?	Fell	Borsten	Federn
Körperpflege	lecken	walzen im Schlamm	baden im Sand

1. Diese Haustiere **lecken sich mit der Zunge.** Es sind nicht die **Spatzen.**

2. Die **Spatzen** wollen saubere **Federn.**

3. Rechts neben den **Schweine**n **baden** Tiere **im Sand.**

4. **Schweine wälzen sich im Schlamm.** Links und rechts neben den Schweinen pflegen zwei weitere Tiere ihren Körper.

5. **Katzen** haben keine **Borsten.**

? Welches Tier will ein sauberes **Fell?**

_____

C. Finster-Setzler, B. Riemke: Einfache Logicals für Kinder
© Auer Verlag

Auf dem Pausenhof

In der großen Pause toben die Kinder draußen herum und machen viele Spiele auf dem Pausenhof. Dabei vergessen sie sogar manchmal ihr leckeres Frühstücksbrot und ihr Trinken.

Name	Dilara	Sascha	Felix
Pausenspiel	Sprangseil	Kletterwand	Fangen

① Der Junge rechts außen spielt mit seinen Freunden **Fangen**.

② Ein Junge steigt immer wieder die **Kletterwand** hoch.

③ **Sascha** ist ein Nachbar von dem Jungen, der **Fangen** spielt.

④ Auf der Wiese hüpft das Mädchen **Dilara** mit dem **Springseil**.

❓ Was spielt **Felix** mit seinen Freunden?

_____

C. Finster-Setzler, B. Riemke: Einfache Logicals für Kinder
© Auer Verlag

C. Finster-Setzler, B. Riemke: Einfache Logicals für Kinder
© Auer Verlag

Name: _____ Datum: _____

Regenpause

Es regnet. Leider können die Kinder der Klasse 1c in der Pause nicht nach draußen. Zum Glück haben sie viele Spiele im Klassenzimmer!

Kind	*Franzi*	*Miriam* *Sofia*
Spiel	*Memory*	*Uno* *Elfer aus*
Essen	*Banane*	*Würstchen* *Butterbrot*

1. Ganz rechts außen spielt **Franzi** „Memory®".

2. **Miriam** möchte „Uno®" spielen.

3. Zwischen **Franzi** und **Sofia** beißt ein Mädchen in ihr **Würstchen**.

4. Ein Kind spielt „**Elfer raus!**". Dabei beißt es in ein **Butterbrot**.

? Wer isst eine **Banane**?

Fransi

Weihnachten in der Schule

Alle Schulkinder freuen sich auf Weihnachten. Sie feiern den Advent.
Damit es ein schönes Fest wird, bringt jeder etwas von zu Hause mit.

Name	Lena	~~Ralf~~ Jochen	~~Ralf~~
Schmuck	Kerzen	glas kugeln	
Plätzchen	Zimtst ern		

① **Jochen** stellt köstliche **Lebkuchen** auf den Tisch.

② Neben dem Jungen mit den **Glaskugeln** sitzt **Ralf**.

③ Neben **Lena** ist der Junge, der rote **Glaskugeln** dabei hat.

④ Das Kind, das leckere **Zimtsterne** mitbringt, hat auch **Kerzen** dabei.

⑤ **Ralf** hat selbst gebackene **Butterkekse** dabei.

⑥ **Lena** sitzt links außen.

❓ Wer hat grüne **Tannenzweige** dabei?

_____

C. Finster-Setzler, B. Riemke: Einfache Logicals für Kinder
© Auer Verlag

C. Finster-Setzler, B. Riemke: Einfache Logicals für Kinder
© Auer Verlag

Name:

Datum:

Weihnachtsfeier in der Schule

Die Klasse 2b bereitet ein Krippenspiel als Weihnachtsfeier für die Eltern vor. Jedes Kind spielt eine Rolle, verkleidet sich und trägt etwas vor.

Rolle, Kind			
Verkleidung			
Beitrag			

① Nicht das Kind mit dem **Stab** sagt einen **Text** auf.

② **Maria** sieht mit ihrem **Kopftuch** hübsch aus.
Sie steht ganz rechts.

③ Der Nachbar des **Hirten** braucht als Verkleidung einen **goldenen Gürtel**.

④ Der **Hirte** hat nur einen Nachbarn. Dieser befindet sich rechts von ihm.

⑤ Der **Engel** singt **zwei Lieder**.

Wer sagt im Krippenspiel ein **Gedicht** auf?

Name: _____ Datum: _____

Entenvögel

Es gibt sehr viele verschiedene Arten von Entenvögeln.
Sie leben meistens am oder auf dem Wasser.
Hier erfährst du etwas mehr über drei Entenvögel.

Name			
Größe			
Aussehen			

① In der Mitte flattert ein Vogel mit **schwarze**n **Flecken am Bauch**.
Das ist die **Graugans**.

② Die **Stockente** wird etwa **60 cm** groß.

③ Die **Graugans** hat etwa eine Größe von **80 cm**.

④ Das Tier, das nur **60 cm** groß wird, ist links neben der **Graugans.**

⑤ Rechts neben der **Graugans** ist der Vogel mit dem **s-förmigen Hals**.

⑥ Der **Schwan** hat keinen **grünen Kopf**.

❓ Welcher Vogel kann **über 100 cm** groß werden?

_____

C. Finster-Setzler, B. Riemke: Einfache Logicals für Kinder
© Auer Verlag

Tiere der Hecke

In der Hecke leben viele unterschiedliche Tiere. Hier erfährst du von drei Tieren, was sie fressen und was an ihnen interessant ist.

Tier			
Nahrung			
Interes-santes			

① Nicht die **Blindschleiche,** aber ihr Nachbar, braucht einen **18 m** langen **Faden** für ihr Netz.

② **Erde** ist die Nahrung des **Regenwurm**s.

③ Die **Kreuzspinne** hat rechts und links einen Nachbarn. Sie frisst verschiedene Insekten wie zum Beispiel **Fliegen**.

④ Ganz außen sind **Nacktschnecken** die Nahrung eines Tieres.

⑤ Ein Tier frisst **Fliegen**. Rechts daneben kann die **Blindschleiche** bei Gefahr den **Schwanz abwerfen.**

Welches Tier **kommt bei Regen aus der Erde**?

Sportfest

Bei einem Sportfest springen Lisa, Nadine und Julia um die Wette
in die Sandgrube.

Name			
Sprung-weite			
Kleidung			

① **Nadine** springt **2 m 50 cm** weit.

② **Lisa** trägt eine schwarze **Sporthose**.

③ Das Mädchen mit dem **Stirnband** ist ganz links.

④ **Julia** trägt ein **Stirnband**.

⑤ Das Mädchen, das **2 m 10 cm** weit springt, ist nicht neben **Julia**.

⑥ **Julia** springt **50 cm weiter** als ihre Freundin **Lisa**.

Wie heißt das Mädchen mit dem **roten T-Shirt**?

Bundesjugendspiele

Die Grundschule Sonnenschein veranstaltet zu den Sportarten Schwimmen, Leichtathletik und Turnen Bundesjugendspiele. Drei Kinder vergleichen ihre Urkunde und erzählen von ihrer besten Leistung.

Name			
Urkunde			
beste Leistung			

1. Ein Junge hält stolz eine **Siegerurkunde** in der Hand. Er hat nur einen Nachbarn.

2. Weder **Yara** noch Jonas warfen 27 m mit dem **Schlagball**.

3. **Ina**s einzige Nachbarin steht links. Sie heißt **Yara**.

4. Nicht **Ina** war die Beste beim **Streckentauchen**. Trotzdem hat sie eine **Teilnehmerurkunde** bekommen.

5. Links neben **Yara** sitzt **Jonas**. Seine **Standwaage** war super.

? Für welche beste Leistung bekam ein Kind die **Ehrenurkunde**?

C. Finster-Setzler, B. Riemke: Einfache Logicals für Kinder
© Auer Verlag

Im Schwimmbad

Rutschen, springen, schwimmen, tauchen – im Schwimmbad ist immer etwas los! Sandra, Lisa und Tim stürzen sich gern ins Wasser. Finde heraus, wer mit welcher Badekleidung und mit welchem Spielzeug baden geht.

Name			
Bade-kleidung			
Spielzeug			

① **Lisa** trägt keinen schwarzen **Bikini**.

② **Tim** trägt eine weiße **Badehose** mit blauen Punkten. Sie ist in der Mitte.

③ Ein Mädchen hat eine **Schwimmnudel** dabei. Ihr **Badeanzug** ist rot.

④ Das Mädchen mit der **Taucherbrille** heißt **Sandra**.

⑤ Rechts neben **Tim** steht das Mädchen, das eine **Taucherbrille** dabei hat.

Wie heißt das Kind, das eine **Quietsche-Ente** mit ins Schwimmbad nimmt?

_____

C. Finster-Setzler, B. Riemke: Einfache Logicals für Kinder
© Auer Verlag

Am See

Sommerzeit ist Badezeit. Die drei Freunde Lena, Simon und Amelie treffen sich nach der Schule am See.
Sie breiten ihre Handtücher nebeneinander aus.

Name			
Bade-kleidung			
Farbe des Handtuchs			

1. Das Handtuch in der Mitte ist **grün**.

2. **Simon** trägt keinen **Bikini**.

3. Zwischen dem Kind mit dem **rot**en Handtuch und **Amelie** ist ein Kind mit einem **Badeanzug**.

4. Ganz links liegt das Kind mit dem **rot**en Handtuch.

5. **Lena**s Handtuch in der Mitte hat nicht die Farbe **blau**.

Auf welcher Handtuchfarbe liegt die **Badehose**?

_____
_____

Wir sind eine Familie

Max spielt am liebsten draußen mit seiner Familie. Mit drei Personen aus seiner Familie unternimmt Max wilde Sachen.

Person aus der Familie			
Ort			
Unternehmung			

① Das **Fußballspiel** findet im **Park** statt.

② **Opa** steht auf der linken Seite.

③ „**Klettern** können wir auf der **Wiese** nicht", sagt Max. „Da sind doch keine hohen Bäume!"

④ Mit seiner **Tante** spielt Max nicht im **Wald**.

⑤ Der **Wald** und **Opa** liegen nicht nebeneinander.

⑥ „Komm, wir spielen wieder **Verstecken**!", ruft Max seiner **Tante** zu.

Was unternimmt Max am liebsten mit seinem **Papa**?

Zusammenleben in der Familie

Zu Hause gibt es viel zu tun. Die drei Geschwister Sinan, Leo und Michi übernehmen verschiedene Aufgaben in ihrer Familie.

Name	Sinan	Michi	Leo
Zeitpunkt	am Nachmittag	Wochenende	~~Fast jede~~ jeden Tag
Aufgabe	Hund	Spülmaschine ausräumen	Tisch decken

1. Ein Junge muss den **Tisch decken**. ✓

2. **Michi** erledigt seine Aufgabe **am Wochenende**. ✓

3. Rechts außen sitzt **Leo**. ✓

4. Nicht Leo muss **am Nachmittag** mit dem Hund **spazieren gehen**. ✓

5. Zwischen Leo und **Sinan** ist ein Kind, das die **Spülmaschine ausräumen** muss.

❓ Was macht Leo **jeden Tag**?

_____

C. Finster-Setzler, B. Riemke: Einfache Logicals für Kinder
© Auer Verlag

Fasching

Eva, Linda und Andrea sind beste Freundinnen. Sie freuen sich auf den Fasching und erzählen, wie sie sich verkleiden und den Raum schmücken.

Name			
Kostüm			
Faschings-schmuck für den Raum			

1. Das Mädchen neben **Eva** trägt ein **Frosch**-Kostüm.

2. Ein Mädchen lässt viele bunte **Luftballons** herumfliegen.

3. Die **Prinzessin** steht nicht neben der Freundin, die **Luftschlangen** aufhängt.

4. **Linda** hat zwei Nachbarn. Sie verteilt **Konfetti** im ganzen Zimmer.

5. Das Mädchen links neben **Linda** verkleidet sich als **Prinzessin**.

6. Die **Indianerin** steckt sich für ihre Verkleidung eine Feder ins Haar.

7. **Eva** bläst kräftig viele **Luftschlangen** über Lampen und Stühle.

? Welches Kostüm trägt **Andrea**?

_____

C. Finster-Setzler, B. Riemke: Einfache Logicals für Kinder
© Auer Verlag

Schulfasching

Auf dem Weg zum Schulfasching treffen sich die drei Freunde Leo, Max und Niklas. Die drei Jungen sehen sich erstaunt an: Fast hätten sie sich in ihrer Verkleidung nicht erkannt! Bei der Feier sammelt jeder eine Süßigkeit.

Name			
Verkleidung			
Süßigkeit			

1 Zwischen **Leo** und **Max** hat ein Kind die Taschen voller **Kaugummis**.

2 Nicht **Max** ist als **Pirat** verkleidet.

3 Der **Polizist** ist in der Mitte.

4 Weder **Niklas** noch **Max** sammeln **Bonbons**.

5 Rechts neben dem **Polizisten** hat ein Junge **Schokolade** gesammelt.

Wer steckt in einem **Drache**n-Kostüm? ....

Leseratten

Lesen ist einfach schön! Du kannst fast überall lesen.
Du brauchst nur ein tolles Buch und einen ruhigen Leseort.
Die drei Freunde Mia, Luisa und Felix lesen alle gern
verschiedene Geschichten an unterschiedlichen Orten.

Name			
Lieblings- geschichte			
Leseort			

1. Links neben **Felix** liest ein Kind am liebsten auf dem **Sofa**.

2. **Luisa** liest keine **Pferde**-Geschichten.

3. **Felix** sitzt zwischen den beiden Mädchen.

4. Ein Kind liest seine **Abenteuer**-Geschichten im **Bett**.

5. **Mia** liegt beim Lesen auf ihrer **Decke** auf dem Boden.

? Wer liest am liebsten spannende **Fußball**-Geschichten?

C. Finster-Setzler, B. Riemke: Einfache Logicals für Kinder
© Auer Verlag

C. Finster-Setzler, B. Riemke: Einfache Logicals für Kinder
© Auer Verlag

Name:	Datum:

Lesenacht

Endlich ist es soweit: Emma, Moritz und Lisa aus der Klasse 1b schlafen heute in der Schule! Mit Buch und Kuscheltier treffen sie sich vor der Schule.

Name			
Buch			
Kuscheltier			

1. **Emma** liest „**Das Sams**".

2. **Moritz** sitzt in der Mitte.

3. Rechts neben **Moritz** hat das Mädchen als Kuscheltier einen **Teddy** dabei. Sie heißt nicht **Emma**.

4. Rechts neben dem Mädchen mit dem **Hase**n liest **Moritz** das Buch „**Die Olchis**".

5. **Lisa** blättert in dem Buch „**Pippi Langstrumpf**".

? Wer hat einen **Hund** als Kuscheltier dabei?

Auf dem Bauernhof

Auf den Bauernhöfen von Bauer Huber, Bauer Schmitt und Bauer Fink ist
immer etwas los. Jeder von ihnen hat andere Tiere auf seinem Hof.

Name, Bauer			
Tiere			
Anzahl			

1. Es gibt doppelt so viele **Schweine** wie **Kühe**.

2. Bauer **Fink** steht in der Mitte zwischen zwei Bauern.
   Der eine Bauer hat **10 Kühe**. Der andere Bauer hat viele **Schafe**.

3. Bauer **Huber** hat **40** Tiere im Stall.

4. Beim Bauer ganz links stehen **10** Tiere im Stall.

? Welche Tiere hütet Bauer **Schmitt**?

....
....

C. Finster-Setzler, B. Riemke: Einfache Logicals für Kinder
© Auer Verlag

Im Tierpark

Clara, Paula und Anna machen einen Ausflug in den Zoo.
Dort entdecken sie verschiedene Tiere, die alle etwas anderes fressen.

Name			
Tier			
Fressen			

1 **Anna** ist kein Nachbar von Paula.

2 Vor **Clara** im Käfig frisst das Tier **Erdnüsse.**

3 **Paula** sieht sich die **Affen** an. Sie ist ganz rechts.

4 Der **Eisbär** vor Anna frisst **Fleisch**, keine **Bananen**
wie ein anderes Tier hier.

? Was frisst der **Elefant**?

_____

„Summm, Summ, Summ ...

... Bienchen summ herum."
Im Frühling und Sommer sammeln viele Insekten Pollen und Nektar.
Sie sind alle miteinander verwandt, aber sehen doch unterschiedlich aus.

Name			
Farbe			
Haare			

① Ein Insekt ist **bräunlich**. Es hat lange **weich**e Haare.

② In der Mitte schwirrt die **Hornisse.** Ihr Körper hat eine **rötlich**e Farbe.

③ Die **Wespe** hat eine knallig **gelb**e Farbe.

④ Rechts neben der **Hornisse** ist ein Tier **ohne** Haare.

⑤ Die **Hummel** sticht selten mit ihrem Stachel.

❓ Welches Insekt hat **kurz**e Haare an seinem Körper?

_____

C. Finster-Setzler, B. Riemke: Einfache Logicals für Kinder
© Auer Verlag

Blumen auf der Wiese

Die Lehrerinnen Frau Geiger, Frau Müller und Frau Schmid sammeln auf der Wiese Blumen für den Unterricht. Sie legen die Blumen auf einen Tisch. Alle Blumen haben eine andere Blütenfarbe.

Name			
Farbe der Blüte			

1. Das **Gänseblümchen** liegt in der Mitte.

2. Der **Löwenzahn** blüht nicht **rot**.

3. Die **gelb**e Blume liegt rechts neben der **weiß**en Blume.

4. Links neben dem **Gänseblümchen** liegt eine Blume mit einer **rot**en Blüte.

In welcher Farbe blüht der **Klatschmohn**? ....

C. Finster-Setzler, B. Riemke: Einfache Logicals für Kinder
© Auer Verlag

Märchen

Auf der ganzen Welt haben Schriftsteller viele Märchen geschrieben,
in denen Tiere sprechen können und besondere Abenteuer erleben.

Märchen			
Verfasser			
Besonderheit			

① Die **Räuber flüchten** nicht vor den drei Schweinchen.

② Die **Brüder Grimm** haben die „**Bremer Stadtmusikanten**"
verfasst.

③ Das dritte Märchen hat **Hans Christian Andersen**
geschrieben.

④ Im Märchen „**Das hässliche Entlein**"
sieht sich die kleine Ente im **Spiegelbild**
als einen schönen Schwan.

⑤ Ein Märchen heißt „**Die drei Schweinchen**".
Es hat zwei Nachbarn.

⑥ In einem Märchen wohnt ein Tier in einem **Steinhaus**.

⸮ Welches Märchen hat **Joseph Jacobs** geschrieben?

C. Finster-Setzler, B. Riemke: Einfache Logicals für Kinder
© Auer Verlag

Name: .... Datum: ....

Im Märchenpark

Im Märchenpark probieren die drei Geschwister vieles aus.
Alle Karussells und Spielgeräte gehören zu unterschiedlichen Märchen.
Am Abend erzählen die Kinder erschöpft von ihren Erlebnissen.

Name			
Märchen			
Karussell, Spielgerät			

1. Zwischen der **Hexenschule** und **Pauline** sitzt **Victoria**.

2. Beim **Schubkarren-Turnier** gewinnt **Pauline**.

3. **Amalia** gefällt die **Hexenschule**. Sie liegt ganz rechts.

4. Nicht **Amalia** denkt bei ihrem Spielgerät an das Märchen „**Die sieben Zwerge**".

5. **Victoria**s Karussell erinnert sie an das Märchen „**Die Bremer Stadtmusikanten**".

6. Ein Mädchen ist begeistert von dem Spielgerät **Störrischer Esel**.

? Wer denkt an das Märchen „**Hänsel und Gretel**"?

....
....

45

Lese-Mal-Logicals – Lösungen

Ostereier – Lösung

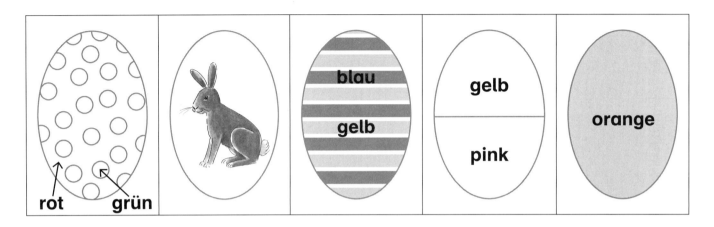

Möglicher Lösungsweg: 1 – 2 – 3 – 4 – 5

Clowns – Lösung

Möglicher Lösungsweg: 1 – 2 – 3 – 4

C. Finster-Setzler, B. Riemke: Einfache Logicals für Kinder
© Auer Verlag

Fußball – Lösung

blaues Hemd rote Hose	grünes Hemd schwarze Hose	gelbes Hemd grüne Hose	blaues Hemd blaue Hose

Möglicher Lösungsweg: 1 – 2 – 5 – 3 – 4 – 6

Bälle – Lösung

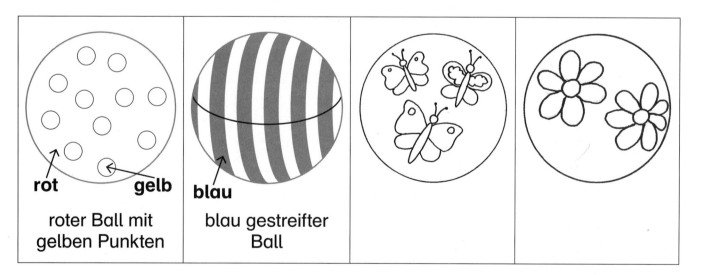

roter Ball mit gelben Punkten	blau gestreifter Ball		

Möglicher Lösungsweg: 4 – 2 – 3 – 1

Bunte Blumen – Lösung

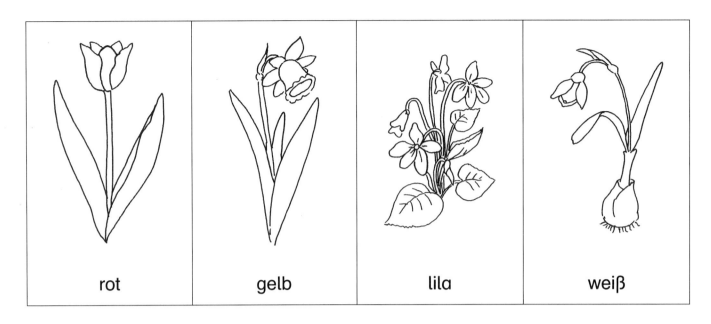

| rot | gelb | lila | weiß |

Möglicher Lösungsweg: 3 – 4 – 5 – 6 – 1 – 2

Sommerzeit ist Eiszeit – Lösung

| Schokolade mit Smarties® | blau mit Fahne | Vanille mit Erdbeersoße | bunte Streusel auf dem Erdbeereis |

Möglicher Lösungsweg: 1 – 2 – 3 – 4

Lese-Schreib-Logicals – Lösungen

In der neuen Schule – Lösung

Name	Murat	Hans	Oliver
Merkmal	Brille	Sommer-sprossen	Zahnlücke
Lieblingsfach	Sport	Kunst	Mathematik

Möglicher Lösungsweg: 1 – 2 – 4 – 3

Lösungsantwort: Oliver

Erster Schultag – Lösung

Kind	Zeno	Mustafa	Amira
Schultüte	rote Streifen	grün mit Sternen	gelb mit Punkten
Lehrer/ Lehrerin	Herr Schlegel	Frau Sonne	Frau Miegel

Möglicher Lösungsweg: 5 – 3 – 1 – 2 – 4

Lösungsantwort: gelbe Schultüte mit Punkten

Neujahr – Lösung

Land	China	Spanien	Griechenland
Die Menschen ...	öffnen Fenster	ziehen rote Unterwäsche an	spielen Spiele
Essen	Hühnchen und Fisch	Trauben	Brot

Möglicher Lösungsweg: 1 – 4 – 3 – 5 – 2

Lösungsantwort: Griechenland

An Silvester – Lösung

Name	Enno	Lorenz	Tina
Feuerwerk	Wunderkerzen	Knatterblitze	Wilde Hummel
Uhrzeit			

Möglicher Lösungsweg: 5 – 2 – 3 – 4 – 1

Lösungsantwort: Tina

C. Finster-Setzler, B. Riemke: Einfache Logicals für Kinder
© Auer Verlag

Kindergeburtstag – Lösung

Name	Sabine	Georg	Bulut
Kuchen	Schokokuchen	Erdbeertorte	Muffins
Spiele	Fangen	Verstecken	Sackhüpfen

Möglicher Lösungsweg: 3 – 5 – 2 – 1 – 4

Lösungsantwort: Sabine

Übernachtungsparty – Lösung

Name	Emilia	Paula	Anna
Kleidung	Nachthemd	T-Shirt und kurze Hose	Schlafanzug
Besonder- heit	Nachtwanderung	Pizza backen	Kerzen ziehen

Möglicher Lösungsweg: 2 – 4 – 1 – 3 – 5

Lösungsantwort: Paula

C. Finster-Setzler, B. Riemke: Einfache Logicals für Kinder
© Auer Verlag

Meine Zähne – Lösung

Schicht des Zahns	Zahnschmelz	Zahnmark	Zahnbein
Eigenschaft	hart	empfindlich	weich
Schicht des Eis	Schale	Eigelb	Eiweiß

Möglicher Lösungsweg: 5 – 3 – 1 – 2 – 4

Lösungsantwort: Zahnbein

Tierische Körperpflege – Lösung

Tier	Katze	Schweine	Spatzen
Was wird sauber?	Fell	Borsten	Federn
Körperpflege	lecken sich mit der Zunge	wälzen sich im Schlamm	baden im Sand

Möglicher Lösungsweg: 4 – 3 – 1 – 2 – 5

Lösungsantwort: Katze

C. Finster-Setzler, B. Riemke: Einfache Logicals für Kinder
© Auer Verlag

Auf dem Pausenhof – Lösung

Name	Dilara	Sascha	Felix
Pausen-spiel	Springseil	Kletterwand	Fangen

Möglicher Lösungsweg: 1 – 3 – 4 – 2

Lösungsantwort: Fangen

Regenpause – Lösung

Kind	Sofia	Miriam	Franzi
Spiel	Elfer raus!	Uno®	Memory®
Essen	Butterbrot	Würstchen	Banane

Möglicher Lösungsweg: 1 – 3 – 2 – 4

Lösungsantwort: Franzi

Weihnachten in der Schule – Lösung

Name	Lena	Jochen	Ralf
Schmuck	Kerzen	Glaskugeln	Tannenzweige
Plätzchen	Zimtsterne	Lebkuchen	Butterkekse

Möglicher Lösungsweg: 6 – 3 – 2 – 5 – 1 – 4

Lösungsantwort: Ralf

Weihnachtsfeier in der Schule – Lösung

Rolle	Hirte	Engel	Maria
Verkleidung	Stab	goldener Gürtel	Kopftuch
Beitrag	Gedicht	zwei Lieder	Text

Möglicher Lösungsweg: 4 – 3 – 2 – 5 – 1

Lösungsantwort: Hirte

C. Finster-Setzler, B. Riemke: Einfache Logicals für Kinder
© Auer Verlag

Entenvögel – Lösung

Name	Stockente	Graugans	Schwan
Größe	60 cm	80 cm	über 100 cm
Aussehen	grünen Kopf	schwarze Flecken am Bauch	s-förmigen Hals

Möglicher Lösungsweg: 1 – 4 – 5 – 2 – 3 – 6

Lösungsantwort: Schwan

Tiere der Hecke – Lösung

Tier	Regenwurm	Kreuzspinne	Blindschleiche
Nahrung	Erde	Fliegen	Nacktschnecken
Wissens-wertes	kommt bei Regen aus der Erde	18 m Faden	Schwanz abwerfen

Möglicher Lösungsweg: 3 – 5 – 2 – 1 – 4

Lösungsantwort: Regenwurm

Sportfest – Lösung

Name	Julia	Nadine	Lisa
Sprung-weite	2 m 60 cm	2 m 50 cm	2 m 10 cm
Kleidung	Stirnband	rotes T-Shirt	Sporthose

Möglicher Lösungsweg: 3 – 4 – 5 – 1 – 2 – 6

Lösungsantwort: Nadine

Bundesjugendspiele – Lösung

Name	Jonas	Yara	Ina
Urkunde	Siegerurkunde	Ehrenurkunde	Teilnehmer-urkunde
beste Leistung	Standwaage	Streckentauchen	Schlagball

Möglicher Lösungsweg: 3 – 5 – 1 – 4 – 2

Lösungsantwort: Streckentauchen

C. Finster-Setzler, B. Riemke: Einfache Logicals für Kinder
© Auer Verlag

Im Schwimmbad – Lösung

Name	Lisa	Tim	Sandra
Badekleidung	Badeanzug	Badehose	Bikini
Spielzeug	Schwimmnudel	Quietsche-Ente	Taucherbrille

Möglicher Lösungsweg: 2 – 5 – 4 – 1 – 3

Lösungsantwort: Tim

Am See – Lösung

Name	Simon	Lena	Amelie
Bade-kleidung	Badehose	Badeanzug	Bikini
Farbe des Handtuchs	rot	grün	blau

Möglicher Lösungsweg: 4 – 3 – 1 – 5 – 2

Lösungsantwort: rot

Wir sind eine Familie – Lösung

Person aus der Familie	Opa	Tante	Papa
Ort	Park	Wiese	Wald
Unternehmung	Fußball	Verstecken	Klettern

Möglicher Lösungsweg: 2 – 5 – 4 – 6 – 1 – 3

Lösungsantwort: Klettern

Zusammenleben in der Familie – Lösung

Name	Sinan	Michi	Leo
Zeitpunkt	am Nachmittag	am Wochenende	jeden Tag
Aufgabe	spazieren gehen	Spülmaschine ausräumen	Tisch decken

Möglicher Lösungsweg: 3 – 5 – 4 – 2 – 1

Lösungsantwort: Tisch decken

C. Finster-Setzler, B. Riemke: Einfache Logicals für Kinder
© Auer Verlag

Fasching – Lösung

Name	Andrea	Linda	Eva
Kostüm	Prinzessin	Frosch	Indianerin
Faschings-schmuck für den Raum	Luftballons	Konfetti	Luftschlangen

Möglicher Lösungsweg: 4 – 5 – 3 – 7 – 1 – 2 – 6

Lösungsantwort: Prinzessin

Schulfasching – Lösung

Name	Leo	Niklas	Max
Verkleidung	Pirat	Polizist	Drache
Süßigkeit	Bonbons	Kaugummis	Schokolade

Möglicher Lösungsweg: 1 – 3 – 5 – 4 – 2

Lösungsantwort: Max

C. Finster-Setzler, B. Riemke: Einfache Logicals für Kinder
© Auer Verlag

Leseratten – Lösung

Name	Luisa	Felix	Mia
Lieblings-geschichte	Fußball	Abenteuer	Pferde
Leseort	Sofa	Bett	Decke

Möglicher Lösungsweg: 3 – 1 – 5 – 4 – 2

Lösungsantwort: Luisa

Lesenacht – Lösung

Buch	Emma	Moritz	Lisa
Kuscheltier	Das Sams	Die Olchis	Pippi Langstrumpf
Name	Hase	Hund	Teddy

Möglicher Lösungsweg: 2 – 3 – 1 – 4 – 5

Lösungsantwort: Moritz

C. Finster-Setzler, B. Riemke: Einfache Logicals für Kinder
© Auer Verlag

Auf dem Bauernhof – Lösung

Name, Bauer	Schmitt	Fink	Huber
Tiere	Kühe	Schweine	Schafe
Anzahl	10	20	40

Möglicher Lösungsweg: 4 – 2 – 1 – 3

Lösungsantwort: Kühe

Im Tierpark – Lösung

Name	Anna	Clara	Paula
Tier	Eisbär	Elefant	Affen
Fressen	Fleisch	Erdnüsse	Bananen

Möglicher Lösungsweg: 3 – 1 – 2 – 4

Lösungsantwort: Erdnüsse

C. Finster-Setzler, B. Riemke: Einfache Logicals für Kinder
© Auer Verlag

„Summ, Summ, Summ ... – Lösung

Name	Hummel	Hornisse	Wespe
Farbe	bräunlich	rötlich	gelb
Haare	weich	kurz	ohne

Möglicher Lösungsweg: 2 – 4 – 1 – 3 – 5

Lösungsantwort: Hornisse

Blumen auf der Wiese – Lösung

Name	Klatschmohn	Gänse-blümchen	Löwenzahn
Farbe der Blüte	rot	weiß	gelb

Möglicher Lösungsweg: 1 – 4 – 3 – 2

Lösungsantwort: rot

C. Finster-Setzler, B. Riemke: Einfache Logicals für Kinder
© Auer Verlag

Märchen – Lösung

Märchen	Bremer Stadtmusikanten	Die drei Schweinchen	Das hässliche Entlein
Verfasser	Brüder Grimm	Joseph Jacobs	Hans Christian Andersen
Besonderheit	Räuber flüchten	Steinhaus	Spiegelbild

Möglicher Lösungsweg: 3 – 5 – 2 – 4 – 1 – 6

Lösungsantwort: Die drei Schweinchen

Im Märchenpark – Lösung

Name	Pauline	Victoria	Amalia
Märchen	Die sieben Zwerge	Die Bremer Stadtmusikanten	Hänsel und Gretel
Karussell, Spielgerät	Schubkarren-Turnier	Störrischer Esel	Hexenschule

Möglicher Lösungsweg: 1 – 3 – 2 – 5 – 4 – 6

Lösungsantwort: Amalia